Impressum
Verlag: BABADADA GmbH, Nedderfeld 112 , 22529 Hamburg
Geschäftsführer / Verlagsleitung: Harald Hof
Druck: Books on Demand GmbH, In de Tarpen 42, 22848 Norderstedt

Imprint
Publisher: BABADADA GmbH, Nedderfeld 112 , 22529 Hamburg, Germany
Managing Director / Publishing direction: Harald Hof
Print: Books on Demand GmbH, In de Tarpen 42, 22848 Norderstedt

école

ښوونځی

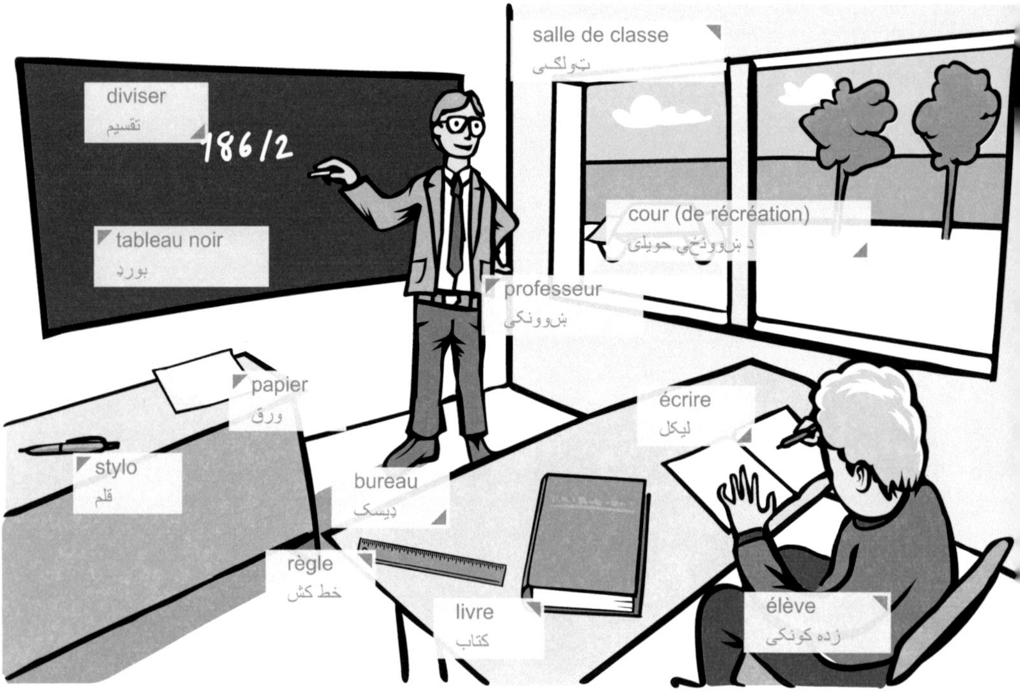

salle de classe
ټولګی
diviser
تقسيم
186/2
tableau noir
بورډ
professeur
ښوونکی
cour (de récréation)
د ښوونځي حویلی
papier
ورق
écrire
لیکل
stylo
قلم
bureau
ډیسک
règle
خط کش
livre
کتاب
élève
زده کونکی

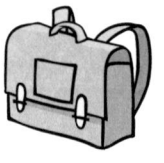

cartable

کڅوره

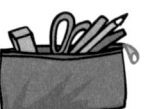

trousse

د پنسل بکسه

crayon

پنسل

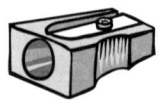

taille-crayon

پنسل تراش

gomme

ربر

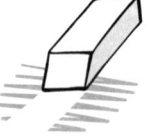

carnet à dessin

د رسامی پاڼه

dessin

رسامي

pinceau

د نقاشی برس

boîte de peinture

د نقاشی بکس

ciseaux

قیچي

colle

سریش

cahier d'exercices

د تمرین کتاب

devoirs

کورنۍ دنده

12

chiffre

شمیر

2+2

additionner

جمع

5-2

soustraire

منفي

2×2

multiplier

ضرب

calculer

حساب

A

lettre

توری

ABCDEFG HIJKLMN OPQRSTU VWXYZ

alphabet

الفبا

mot

کلمه

texte

متن

lire

لوستل

craie

تباشير

leçon

درس

livre de classe

راجستر

examen

ازموینه

certificat

تصدیق پاڼه

uniforme scolaire

د ښوونځي یونیفارم

formation

تعلیم

lexique

دایره المعارف

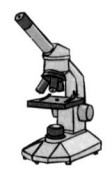

université

پوهنتون

microscope

مایکروسکوپ

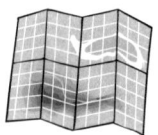

carte

نقشه

corbeille à papier

اشغالدانی

voyage

سفر

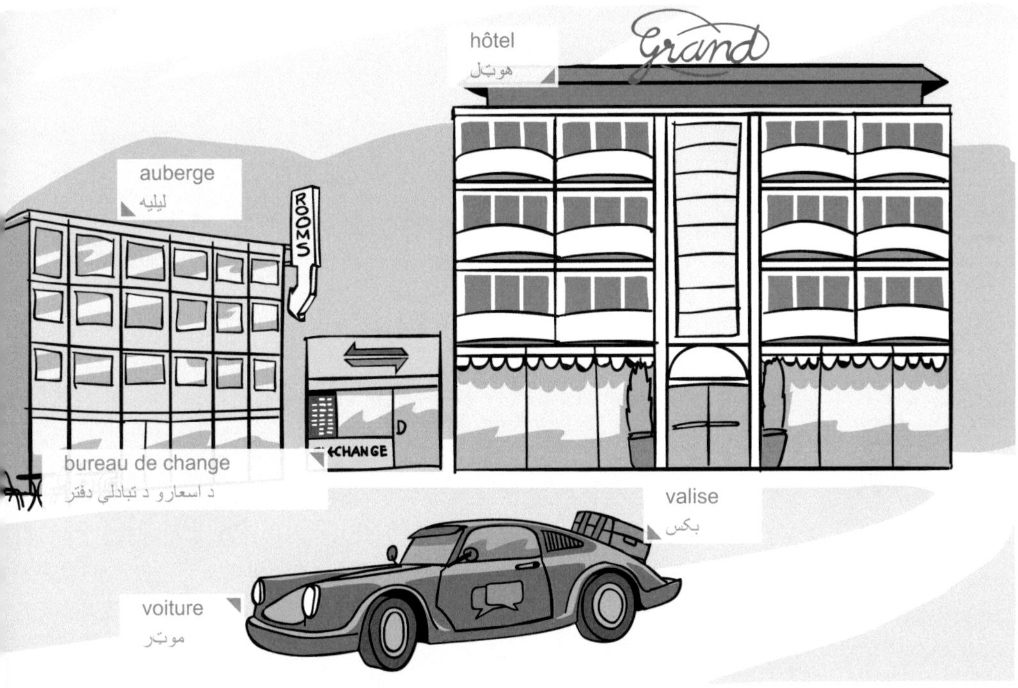
hôtel
هوټل
Grand
auberge
ليليه
ROOMS
bureau de change
د اسعارو د تبادلې دفتر
valise
بکس
voiture
موټر

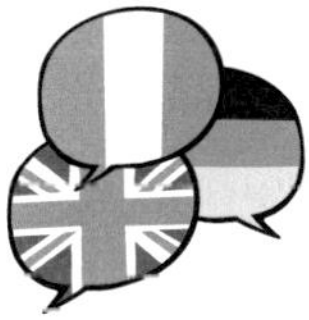

langue

ژبه

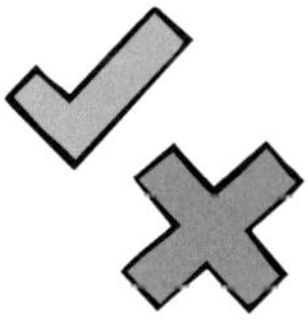

oui / non

هو/نه

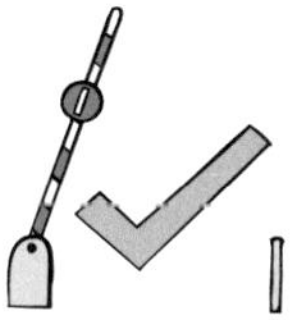

d'accord

سمه ده

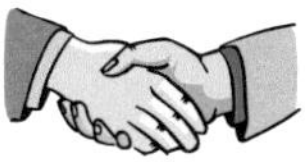

Salut

سلام

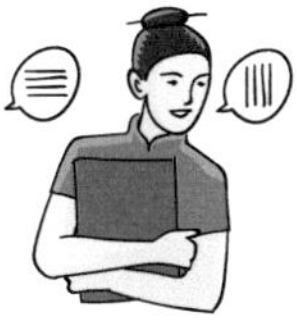

interprète

ژباړونکی

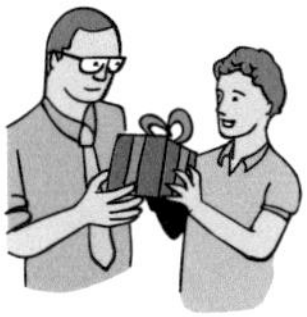

merci

مننه

Combien coûte...?

څومره دي...؟

Je ne comprends pas

زه نه پوهيږم

problème

ستونزه

Bonsoir !

ماښام مو پخير!

Bonjour !

سهار په خير!

Bonne nuit !

شپه په خير!

Au revoir

په مخه مو ښه

direction

لاريښود

bagages

سامان

sac

بيگ

sac-à-dos

شاتنى بكس

hôte

ميلمه

pièce

خونه

sac de couchage

د خوب كڅوړه

tente

خيمه

office de tourisme

د توريزم معلومات

plage

ساحل

carte de crédit

کریډیټ کارت

petit-déjeuner

ناری

déjeuner

د غرمی خواړه

dîner

د شپی خواړه

billet

ټیکټ

ascenseur

لفټ

timbre

مهر

frontière

پوله

douane

ګمرک

ambassade

سفارت

visa

ویزه

passeport

پاسپورت

transport
ټرانسپورټ

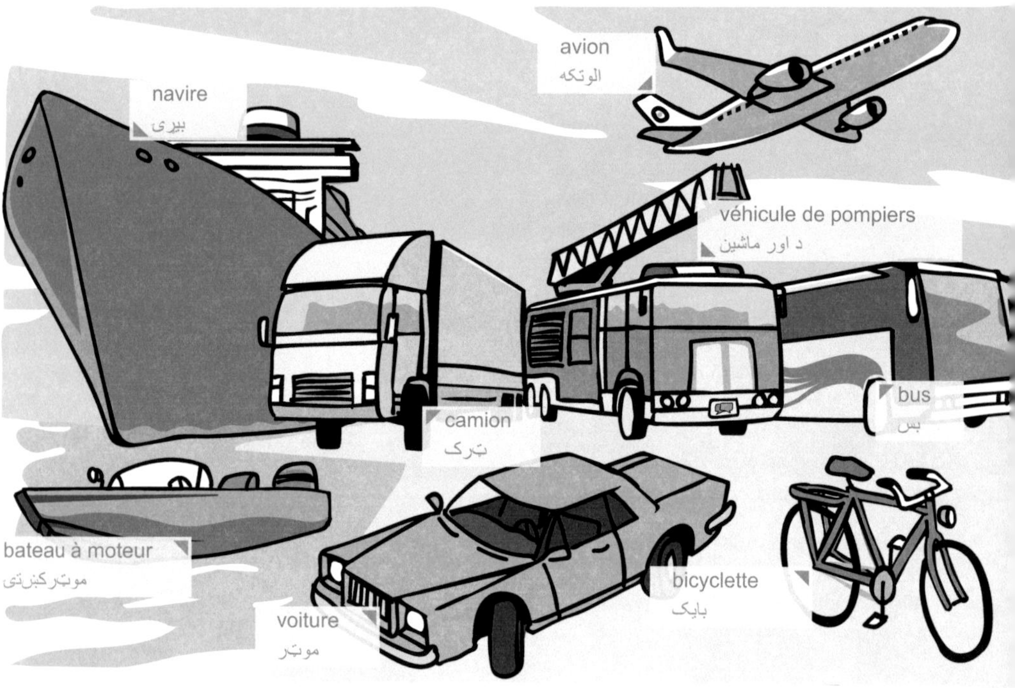
avion
الوتکه
navire
بيړۍ
véhicule de pompiers
د اور ماشين
bus
بس
camion
ټرک
bateau à moteur
موټرکښتۍ
bicyclette
بايک
voiture
موټر

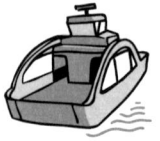

ferry
کښتۍ

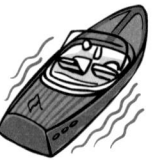

barque
کښتۍ

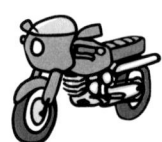

moto
موټرسايکل

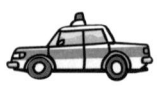

voiture de police
د پوليسو موټر

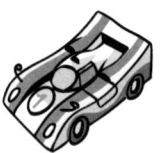

voiture de course
د ريس موټر

voiture de location
کرايي موټر

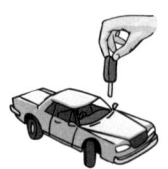

auto-partage

د کرایه موټری

voiture de remorquage

جرثقیل لرونکی ټرک

benne à ordures

ریفیوز ټرک

moteur

موټر

essence

سونګ توکي

station d'essence

پټرول سټیشن

panneau indicateur

ترافیکي نښه

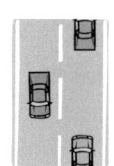

trafic

ترافیک

embouteillage

جام ترافیک

parking

د موټرو ځای

gare

د ریل سټیشن

rails

پاټکي

train

ریل

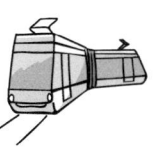

tramway

ټرام

wagon

واکون

hélicoptère

چورلکه

aéroport

هوايي ډګر

tour

برج

passager

مسافر

conteneur

کانټينر

carton

کارتون

chariot

کارت

corbeille

ټوکری

décoller / atterrir

الوتنه کول/کښيناستل

ville

ښار

village

کلی

centre-ville

د ښار مرکز

maison

کور

cinéma
سینما

publicité
اعلان

réverbère
د کوڅی لامپ

CINEMA

rue
کوڅه

taxi
تېکسي

piéton
پیاده

kiosque
د خوارو پلورنځی

trottoir
پلي لاره

passage piéton
د سرک څخه تیریدو لاره

poubelle
اشغالدانۍ (لوی)

carrefour
د تیریدو لاره

feux de circulation
د ترافیک څراغونه

cabane

کودله

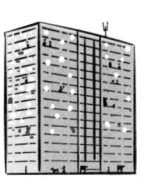

appartement

اپارتمان

gare

د ریل سټیشن

mairie

ټاون هال

musée

میوزیم

école

ښوونځی

université

پوهنتون

banque

بانک

hôpital

روغتون

hôtel

هوټل

pharmacie

درملتون

bureau

دفتر

librairie

کتاب پلورنځی

magasin

پلورنځی

fleuriste

د ګلانو پلورنځی

supermarché

لوی پلورنځی

marché

مارکیټ

grand magasin

د ډیپارټمنټ سټور

poissonnerie

کب پلورنځی

centre commercial

د پلور مرکز

port

لنګرتون

parc

پارک

banque

بینچ

pont

پل

escaliers

زینه

métro

د خمکی لاندی

tunnel

ټونل

arrêt de bus

بس تمځای

bar

بار

restaurant

ریستورانټ

boîte à lettres

پوست بکس

panneau indicateur

د کوڅی نښه

parcmètre

د پارک کولو میټر

zoo

ژوبڼ

piscine

د لامبو حوض

mosquée

مسجد

ferme

كروونده

pollution

ناپاكي

cimetière

هديره

église

چرچ

aire de jeux

د لوبو ډګر

temple

معبد/كليسا

paysage

منظره

feuille
پاڼه

panneau indicateur
د لارښوونې نښه

chemin
لاره

pré
چمن

randonneur
هيكر

pierre
كاڼى

arbre
ونه

rivière
سيند

herbe
واښه

fleur
ګل

vallée

دره

montagne

غوندی

lac

ناور

forêt

ځنګل

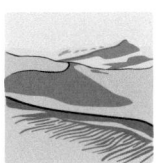

désert

دشته

volcan

اورشیندی

château

کلا

arc-en-ciel

رنګین کمان

champignon

مرخیړي

palmier

پلم ونه

moustique

ماشي

mouche

الوتل

fourmis

مېږی

abeille

مچی

araignée

غونډد/جولا

coléoptère

گۆنگێت

grenouille

چونگكىشە

écureuil

نولى

hérisson

زيرکی

lièvre

سوى

chouette

گـونگ

oiseau

مرغى

cygne

قازە

sanglier

نرخوگ

cerf

هوسى

élan

گاوزە

barrage

بند

éolienne

بادي تۇربين

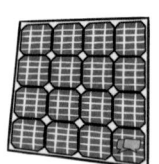

panneau solaire

سولر تختى

climat

اقليم

restaurant

ریسټورانټ

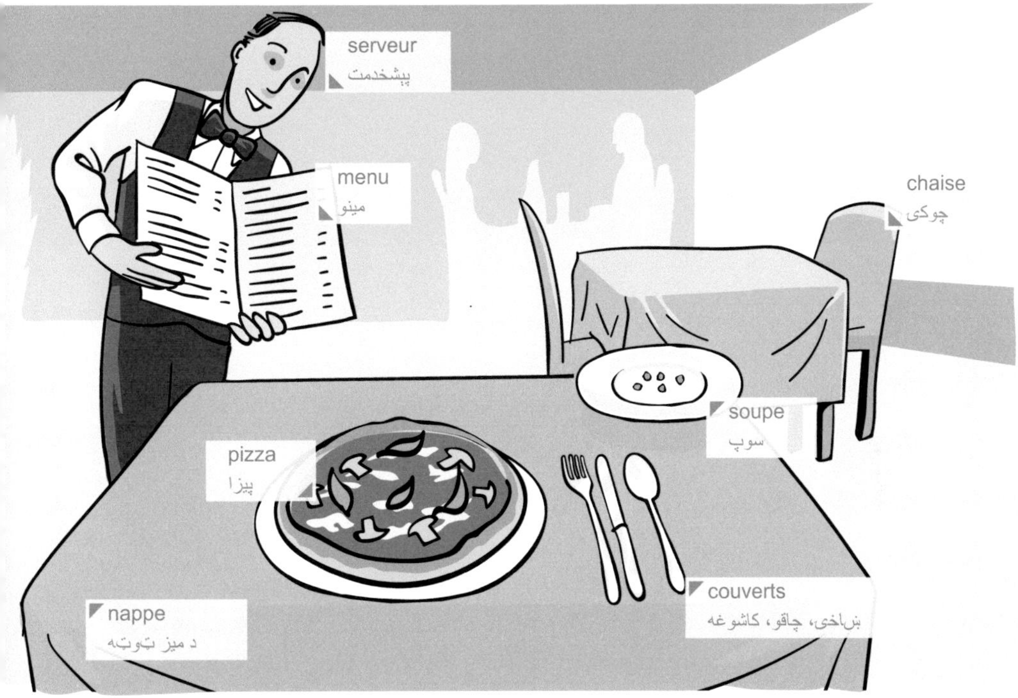
serveur
پیشخدمت
menu
مینو
chaise
چوکۍ
soupe
سوپ
pizza
پیزا
couverts
ښاخی، چاقو، کاشوغه
nappe
د میز ټوټه

hors d'œuvre

سټارټر

plat principal

اصلي خواړه

dessert

شیرني

boissons

څښاک

alimentation

خواړه

bouteille

بوتل

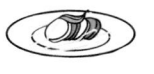

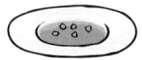

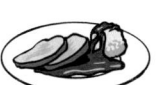

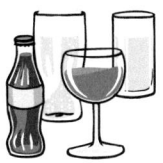

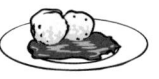

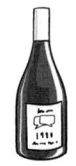

fast-food

فاست فوډ

plats à emporter

د کوڅی خواړه

théière

چای جوش

sucrier

قندانۍ

portion

برخه

machine à expresso

اسپرسو مشين

chaise haute

لوړه چوکۍ

facture

رسيد

plateau

مجمه

couteau

چاکو

fourchette

پنجه

cuillère

قاشق

cuillère à thé

چای قاشق

serviette

سرويټ

verre

گلاس

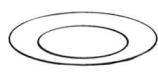

assiette

پلیټ

assiette à soupe

د سوپ پلیټ

soucoupe

نالیکی

sauce

ساس

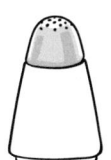

salière

مالګه شیندونکی

moulin à poivre

د مرچ ټکولو لوخی

vinaigre

سرکه

huile

غوړي

épices

مساله

ketchup

کچ اپ

moutarde

شرشم

mayonnaise

چکه

supermarché
لوی پلورنځی

offre promotionnelle
خانګړی وړاندیز
FOR
client
پیرودونکی
produits laitiers
لبنیات
fruits
میوه
chariot
لاسي ځرخ

BUTCHERS

boucherie

قصابي

BAKERY

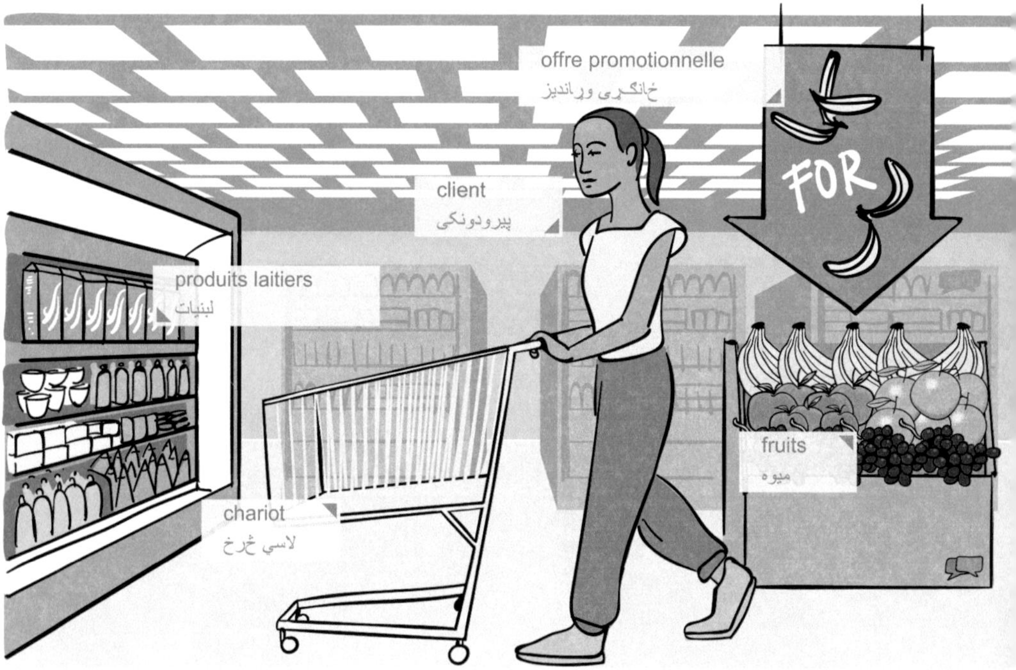

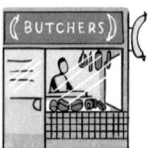

boulangerie

نانوايي

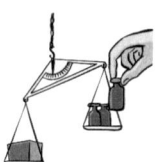

peser

وزن کول

légumes

سبزيجات

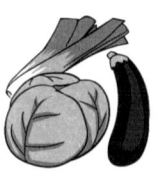

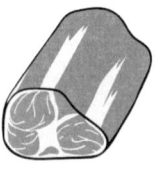

viande

غوښه

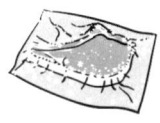

aliments surgelés

کنګل خواره

charcuterie

یخه غوښه

conserves

کنسروا خواره

poudre à lessive

د مینځلو پودر

bonbons

ښیرینی

articles ménagers

کورنی تولیدات

détergents

د پاکولو محصولات

vendeuse

د پلور فرد

caisse

د نغدي راجستر

caissier

صراف

liste d'achats

د پیرود لیست

heures d'ouverture

کاري ساعتونه

portefeuille

بټوه

carte de crédit

کریدیت کارت

sac

کڅوړه

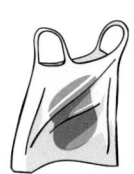

sac en plastique

پلاستیک کڅوړه

eau

اوبه

jus de fruit

جوس

lait

شیده

coca

کوک

vin

واین

bière

بیر

alcool

الکول

chocolat chaud

ککاو

thé

چای

café

کافي

expresso

اسپرسمو

cappuccino

کپچینو

banane

كيله

pomme

منه

orange

نارنج

melon

هندوانه

citron

ليمو

carotte

گازره

ail

هوږه

bambou

بانكس

oignon

پياز

champignon

مرخيري

noisettes

چغزى

pâtes

اش

spaghetti

سپيګتّي

riz

وريجي

salade

سلاد

pommes frites

چپس

pommes de terre rôties

سره کري کچالو

pizza

پيزا

hamburger

همبرګر

sandwich

ساندويچ

escalope

'كترہ

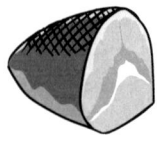

jambon

د پتّون غوښه

salami

سلمي

saucisse

سآسج

poulet

چرګ

rôti

روسټّ

poisson

كب

flocons d'avoine

د وربشی شیرني

muesli

موسلي

cornflakes

د جوار پلی

farine

اوړه

croissant

کروسانت

petits-pains

د دوډی رول

pain

ډوډۍ

pain grillé

ټوسټ

biscuits

بسکیټ

beurre

کوچ

le fromage blanc

چکه

gâteau

کیک

œuf

هګۍ

œuf au plat

پخی هګی

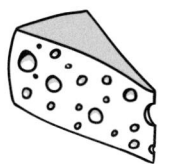

fromage

پنیر

glace

ایس کریم

sucre

بوره

miel

شهد

confiture

مربا

crème nougat

نوگات کریم

curry

کورکمان

ferme

کرونده

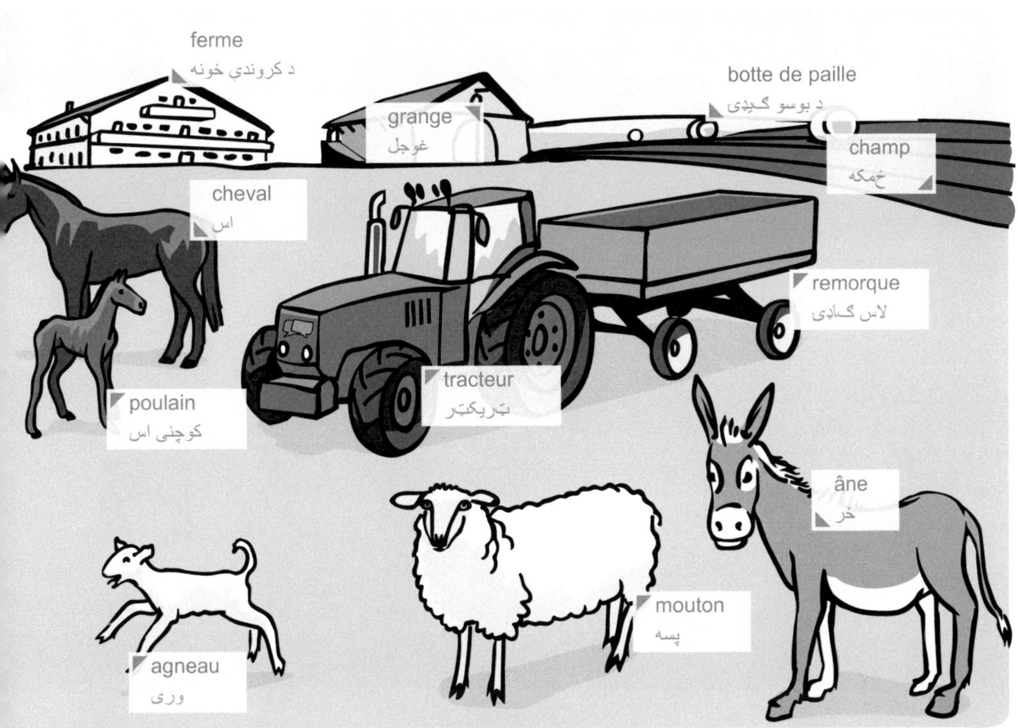
ferme
د کروندي خونه
grange
غوجل
botte de paille
د بوسو ګیډی
champ
خمکه
cheval
اس
remorque
لاس ګاډی
tracteur
ټریکټر
poulain
کوچنی اس
âne
خر
mouton
پسه
agneau
وری

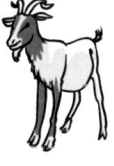

chèvre

وزه

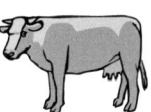

vache

غوا

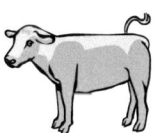

veau

خوسکی

porc

خوګ

porcelet

د خوګ بچی

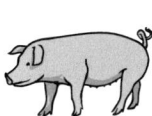

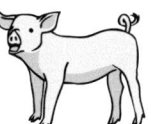

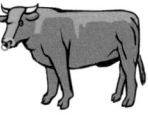

taureau

غویی

oie

بتــه

canard

هيلۍ

poussin

چرکوړی

poule

چرګه

coq

بانګي

rat

سارای موږک

chat

پيشک

souris

موږک

bœuf

غوبيى

chien

سپی

chenil

د سپي خونه

tuyau de jardin

د باغ هوز

arrosoir

د اوبو لوخی

faucheuse

لور (داس)

charrue

يوی

faucille

لور

pioche

رمبی

fourche

ښاخی

hache

تبر

brouette

کراچی

cuve

ناوه

pot à lait

د شیدو لوخی

sac

جوال

clôture

کټاره

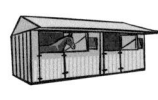

étable

مضبوط

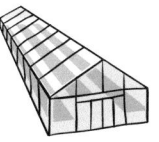

serre

شنه خونه

sol

خاوره

semences

تخم

engrais

سره/کود

moissonneuse-batteuse

گـد ربیونکی ماشین

récolter

زیرمه کول

récolte

درمند

igname

خواره کچالو

blé

غنم

soja

سویا

pomme de terre

کچالو

maïs

جوار

colza

نباتي تخم

arbre fruitier

د میوی ونه

manioc

مانیوک

céréales

غله

maison
کور

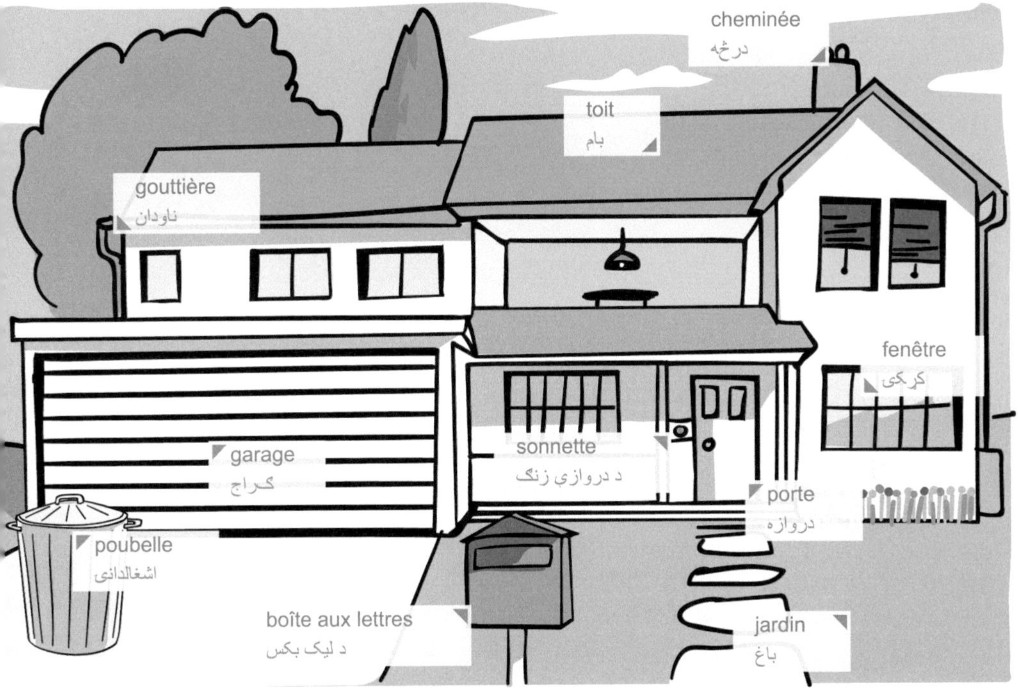

cheminée
درخچه
toit
بام
gouttière
ناودان
fenêtre
کړکۍ
sonnette
د دروازې زنګ
garage
ګراج
porte
دروازه
poubelle
اشغالدانۍ
boîte aux lettres
د لیک بکس
jardin
باغ

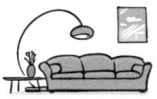

salon
....
د اوسیدو خونه

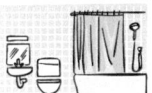

salle de bain
....
حمام

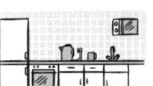

cuisine
....
پخلنځی

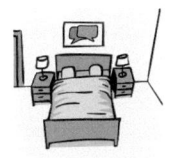

chambre à coucher
....
د ویده کیدو خونه

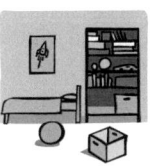

chambre d'enfant
....
د ماشوم خونه

salle à manger
....
د خوړو خونه

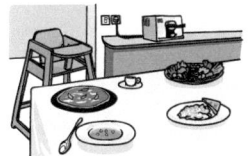

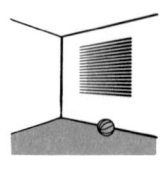

sol

فرش

mur

دیوال

plafond

چت

cave

زیرخانه

sauna

سونا

balcon

بالکونی

terrasse

تّراس

piscine

حوض

tondeuse à gazon

د چمن وهلو ماشین

housse

شیت

couette

روجایی

lit

تخت

balai

جارو

sceau

بوکه

interrupteur

سویچ

salon

د اوسیدو خونه

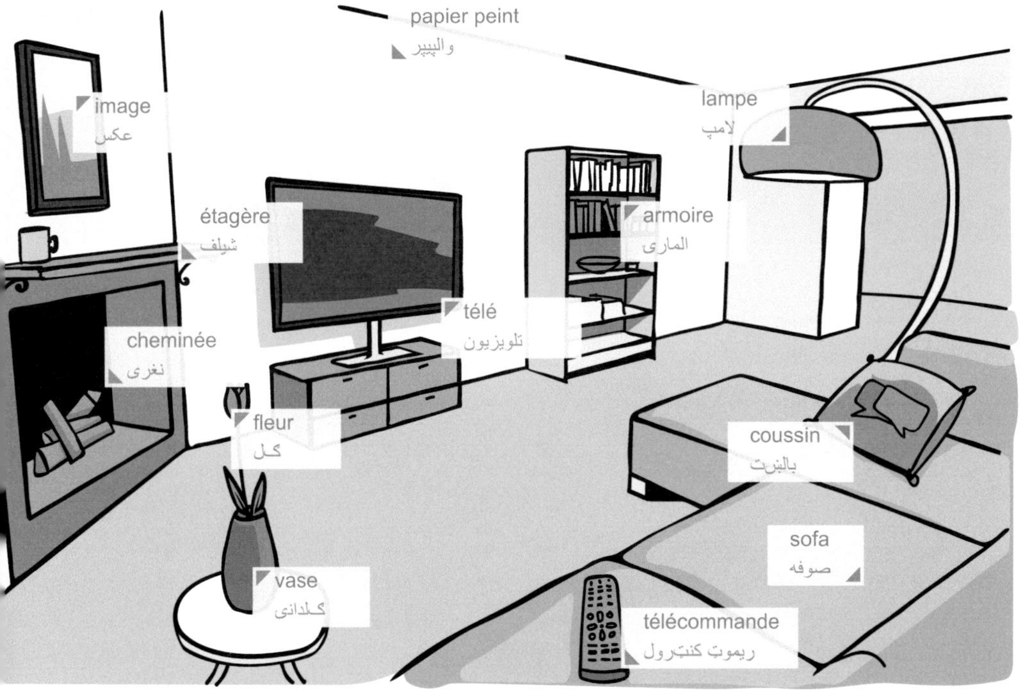
papier peint
والپیپر
image
عکس
lampe
لامپ
étagère
شیلف
armoire
الماری
télé
تلویزیون
cheminée
نغری
fleur
گل
coussin
بالښت
sofa
صوفه
vase
گلدانی
télécommande
ریموټ کنټرول

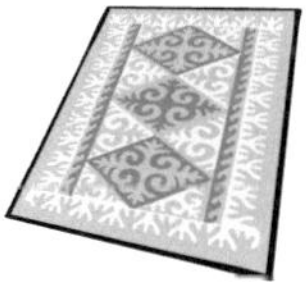

tapis

غالی

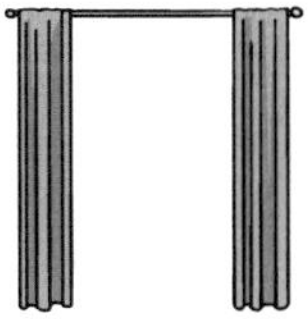

rideau

پرده

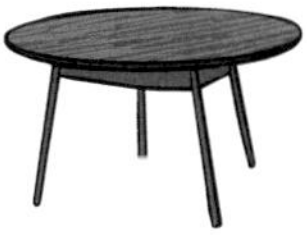

table

میز

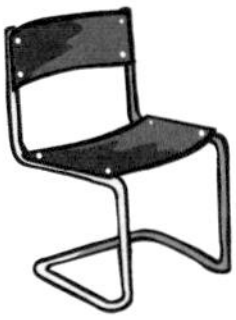

chaise

چوکی

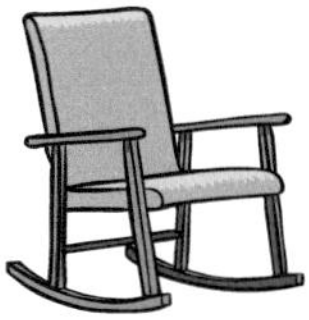

chaise à bascule

تاویدونکی چوکی

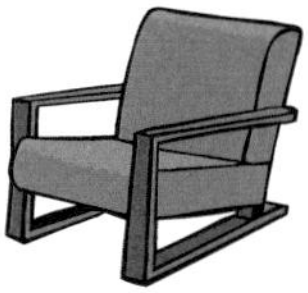

fauteuil

بازو لرونکی چوکی

livre

كتاب

couverture

كمپل

décoration

ديكوريشن

bois de chauffage

د اور لرګي

film

فلم

chaîne hi-fi

هایفای

clé

كلي

journal

ورځپانه

peinture

نقاشي

poster

پوسټر

radio

راډيو

bloc-notes

كتابچه

aspirateur

واکيوم جارو

cactus

كاكتوس

bougie

شمع

cuisine

پخلنځی

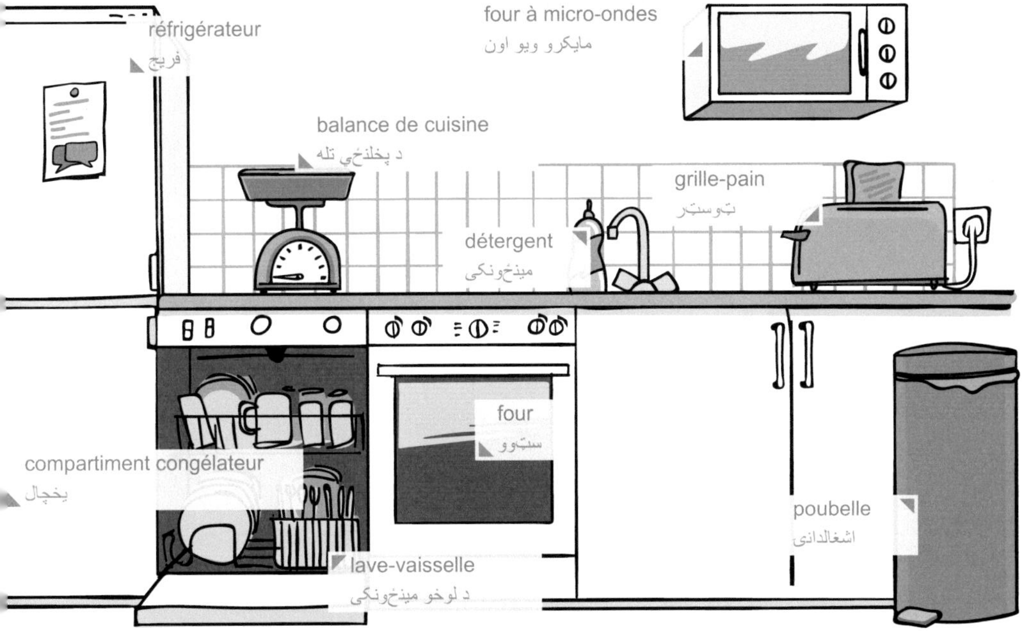

four à micro-ondes
مایکرو ویو اون
réfrigérateur
فریج
balance de cuisine
د پخلنځي تله
grille-pain
ټوسټر
détergent
مینځونکی
four
سټوو
compartiment congélateur
یخچال
poubelle
اشغالدانی
lave-vaisselle
د لوخو مینځونکی

four

دیگ بخار

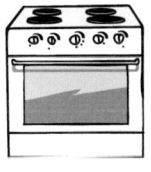

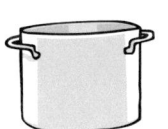

casserole

لوخی

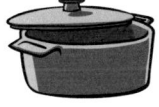

marmite

چدني لوخی

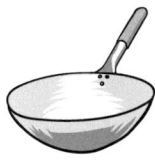

wok / kadai

ووک

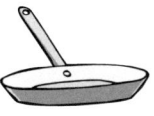

poêle

د تلی په

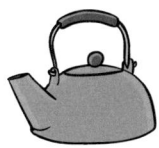

bouilloire electrique

چای جوش

cuiseur vapeur

د بخار دیگ

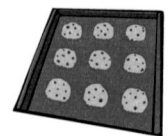

plaque de cuisson

پتنوس

vaisselle

لوخی

gobelet

مګ

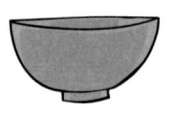

coupe

کاسه

baguettes

د رانیولو اوزار

louche

څمڅۍ

spatule

کفګیر

fouet

پاکونکی

passoire

صافي

tamis

غلبیل

râpe

کریتر

mortier

اونګ

barbecue

بار بی کیو

cheminée

د صاخ اور

planche à découper

تخته

rouleau à pâtisserie

هوارونکی

tire-bouchon

کارک سکریو

boîte

تيم

ouvre-boîte

د تيم خلاصونکی

maniques

د لوخي تَويَه

lavabo

ظرف شوی

brosse

برس

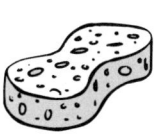

éponge

سپنج

mixeur

بلیندر

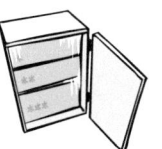

congélateur

ژور يخچال

biberon

د ماشوم بوتل

robinet

نل

salle de bain

حمام

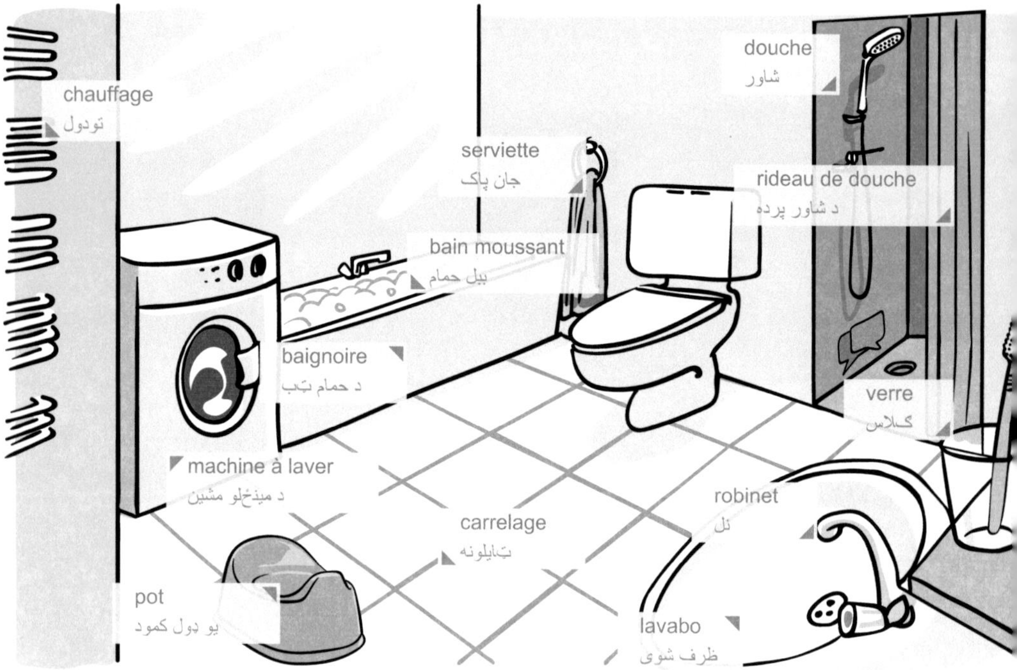

chauffage
تودول
douche
شاور
serviette
جان پاک
rideau de douche
د شاور پرده
bain moussant
ببل حمام
baignoire
د حمام ټب
machine à laver
د مینځلو مشین
verre
ګلاس
robinet
نل
carrelage
ټایلونه
pot
یو ډول کموډ
lavabo
ظرف شوی

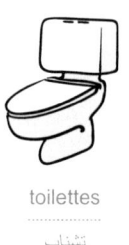

toilettes

تشناب

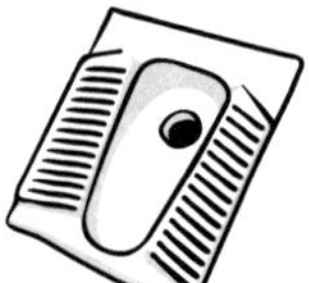

toilette à la turque

فرشي کموډ

bidet

کموډ

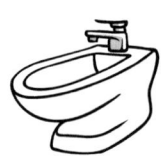

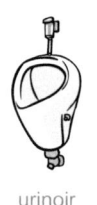

urinoir

د متیازو ځای

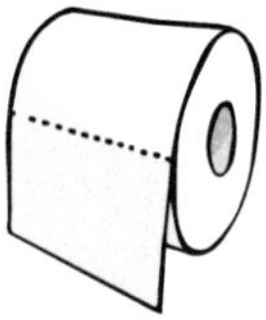

papier toilette

تشناب کاغذ

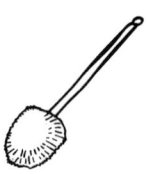

brosse à toilette

د تشناب برس

brosse à dents

د غاښونو برس

dentifrice

د غاښونو کريم

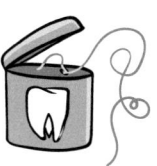

fil dentaire

د غاښونو نخ

laver

مينځل

douche manuelle

لاسي شاور

douche intime

دوش

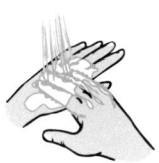

vasque

خانک

brosse dorsale

د شا برس

savon

صابون

gel douche

د شاور ژل

shampooing

شامپو

gant de toilette

فلانل جامه

écoulement

وچول

crème

کريم

déodorant

سپری

miroir

آینه

miroir cosmétique

لاسي آینه

rasoir

ریزر

mousse à raser

د خریلو فوم

après-rasage

د خریلو وروسته

peigne

ږمنځ

brosse

برس

sèche-cheveux

د ویښتانو وچونکی

laque pour cheveux

د ویښتانو سپری

fond de teint

میک اپ

rouge à lèvres

لیپ ستیک

vernis à ongles

د نوکانو پالش

ouate

کاتن وری

coupe-ongles

ناخن گیر

parfum

عطر

trousse de toilette

د مینځلو کڅوړه

tabouret

سټول

pèse-personne

د وزن کولو تله

peignoir

د حمام پوښاک

gants de nettoyage

د ربر دستکش

tampon

تَامپون

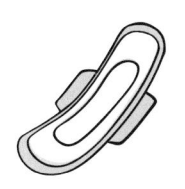

serviettes hygiéniques

صحیی جان پاک

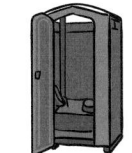

toilette chimique

کیمیکل تشناب

chambre d'enfant

د ماشوم خونه

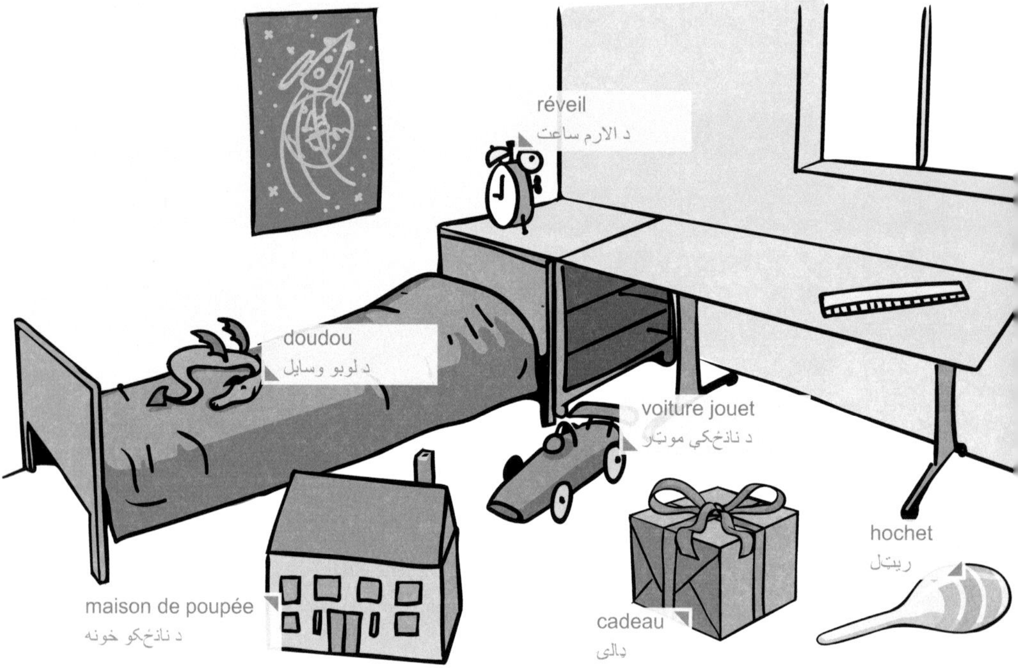
réveil
د الارم ساعت
doudou
د لوبو وسایل
voiture jouet
د ناڅکي موټر
hochet
ریټل
maison de poupée
د ناڅکو خونه
cadeau
ډالۍ

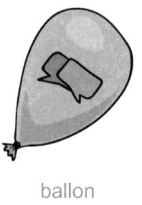

ballon

بالون

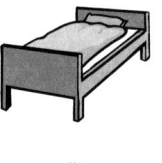

lit

تخت

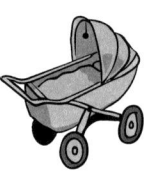

poussette

کالسکه

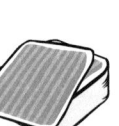

jeu de cartes

د لوبو ورقي

puzzle

جیګسا

SUPER
MEGA

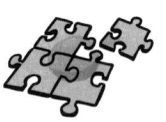

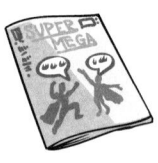

bande dessinée

مسخره

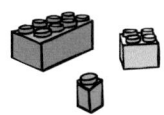

pièces lego

ليګو بريک

blocs de construction

د نانځکو بلاک

figurine

د اکشن فيګور

grenouillère

د ماشوم پوښاک

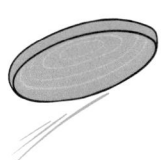

frisbee

فريزبي

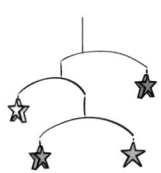

mobile

موبايل

jeu de société

بورډ لوبه

dé

تاس

train miniature

مادل ريل سيټ

sucette

ګونګښی

fête

پارټي

livre d'images

د عکسونو البوم

balle

بال

poupée

نانځکه

jouer

لوبېدل

bac à sable

د شګو کنده

balançoire

سوينگ

jouets

ناڅرکي

console de jeu

د ويډيو لوبو کنسول

tricycle

نرای سايکل

ours en peluche

ګوډۍ

armoire

د کالو الماری

vêtements

پوښاک

chaussettes

جرابی

bas

لوړی جرابی

collant

ټايټس

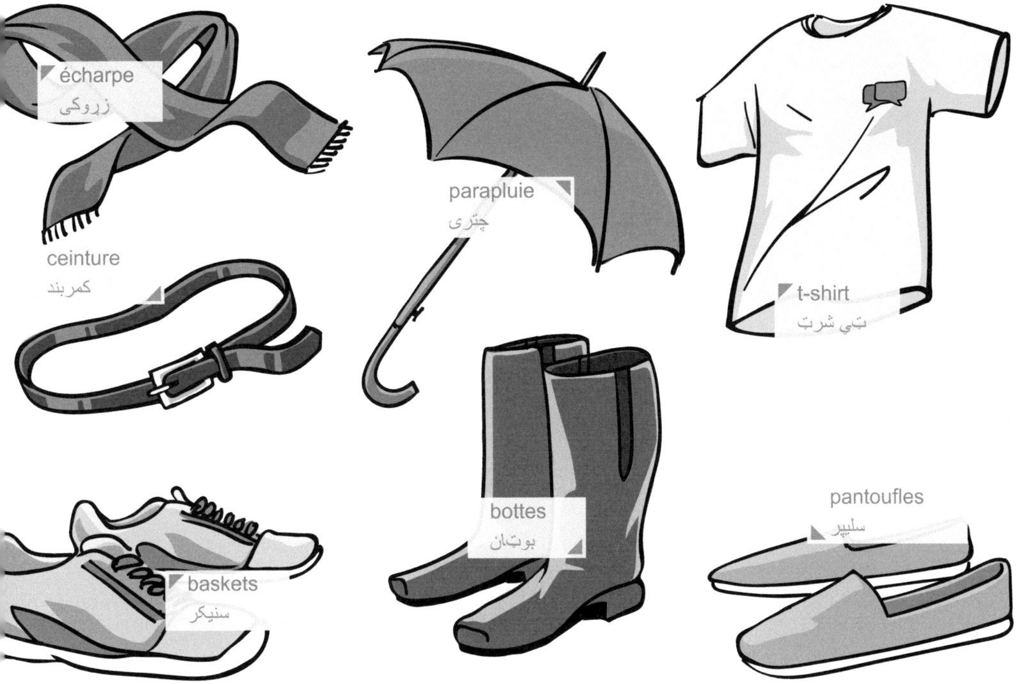

écharpe
زروکی

parapluie
چتری

t-shirt
تي شرت

ceinture
کمربند

bottes
بوټان

pantoufles
سلیپر

baskets
سنيکر

sandales

سینډل

chaussures

بوټان

bottes de caoutchouc

د ربر بوټان

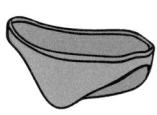

sous-vêtements

زیرنیکري

soutien-gorge

سينه بند

maillot de corps

واسکټ

body

بادي

pantalon

پتلون

jean

جینز

jupe

لمن

chemisier

بلاوز

chemise

شرت

pull

بنیان

sweat à capuche

سویټر

veste

بلیزر

veste

جاکټ

manteau

کوت

imperméable

د باران کوت

costume

پوښاک

robe

کالي

robe de mariée

د واده پوښاک

costume

دريشي

chemise de nuit

د شپې پوښاک

pyjama

پاجامه

sari

ساري

foulard

لوپټه

turban

پټکی

burqa

برقه

caftan

کفتن

abaya

عبا

maillot de bain

د لامبو پوښاک

maillot de bain

نیکر

short

شارټ

tenue d'entraînement

د خۀغاستنی پوښاک

tablier

پیش بند

gants

دستکش

bouton

بټن

lunettes

عینک

bracelet

لاس بند

collier

غاړه کی

bague

ګوتمه

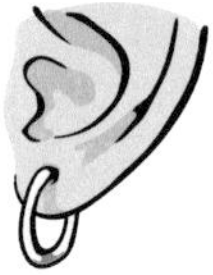

boucle d'oreille

غوږوالی

bonnet

خولی

cintre

کوټ بند

chapeau

خولی

cravate

ټایی

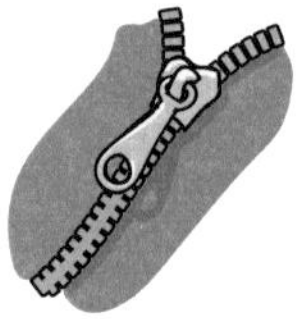

fermeture éclair

ځنځیر

casque

هیلمټ

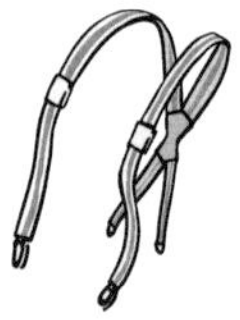

bretelles

ترونکی

uniforme scolaire

د ښوونځي یونیفارم

uniforme

یونیفارم

bavoir

بيب

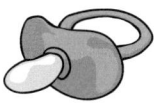

sucette

گونگشى

lange

نيپي

bureau

دفتر

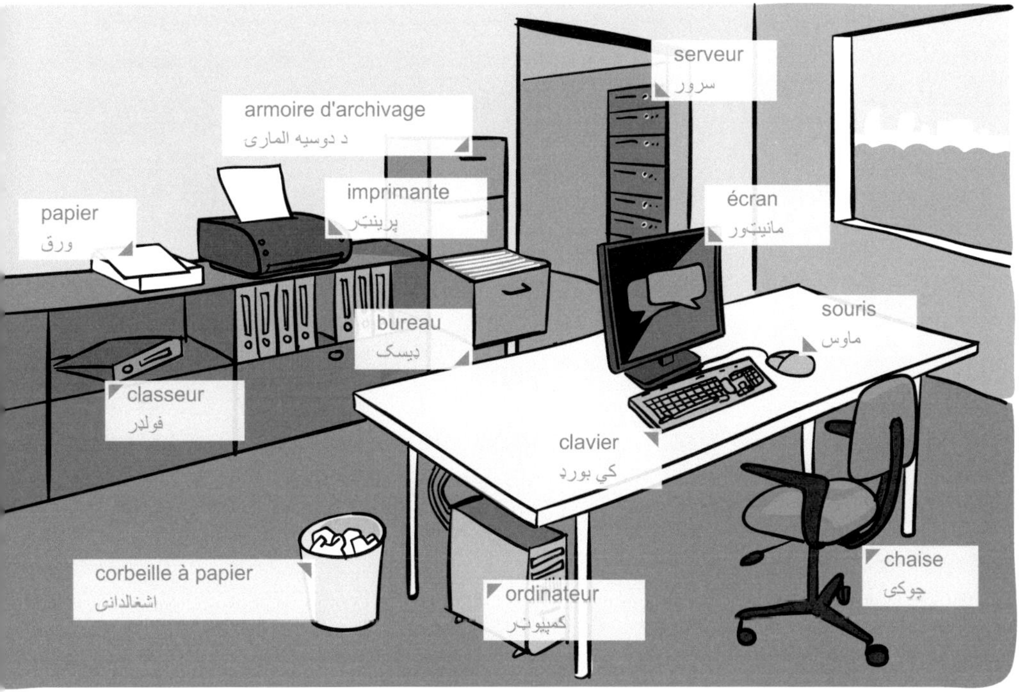

serveur
سرور

armoire d'archivage
د دوسيه المارى

imprimante
پرينټر

écran
مانيټور

papier
ورق

souris
ماوس

bureau
ډيسک

classeur
فولدر

clavier
کي بورډ

corbeille à papier
اشغالدانى

ordinateur
کمپيوټر

chaise
چوکى

tasse de café

د کافي پياله

calculatrice

کالکوليټر

internet

انټرنيټ

ordinateur portable

لپ ٹاپ

lettre

لیک

message

پیغام

portable

موبایل

réseau

نیٹورک

photocopieuse

فوٹوکاپیر

logiciel

سافٹ ویر

téléphone

ٹلیفون

prise

پلگ ساکٹ

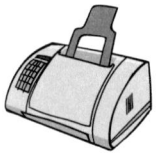

fax

فکس مشین

formulaire

فارم

document

سند

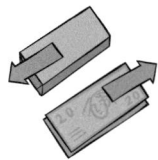

acheter

پیرل

payer

تادیه کول

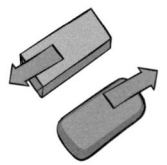

faire du commerce

سوداګري کول

monnaie

پیسی

dollar

ډالر

euro

یورو

yen

ین

rouble

ریل

franc suisse

سویسي فرانک

renminbi yuan

رینمینبي یوان

roupie

روپی

distributeur automatique

د نغدي پیسو خای

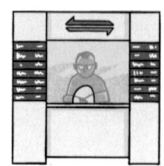

bureau de change

د اسعارو د تبادلی دفتر

or

سره زر

argent

سپین زر

pétrole

تیل

énergie

انرژي

prix

نرخ

contrat

قرارداد

taxe

مالیه

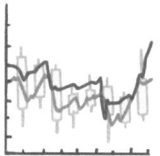

action

اسهام

travailler

کار کول

employé

کارمند

employeur

کار ګومارونکی

usine

فابریکه

magasin

پلورنځی

professions
مسلکونه

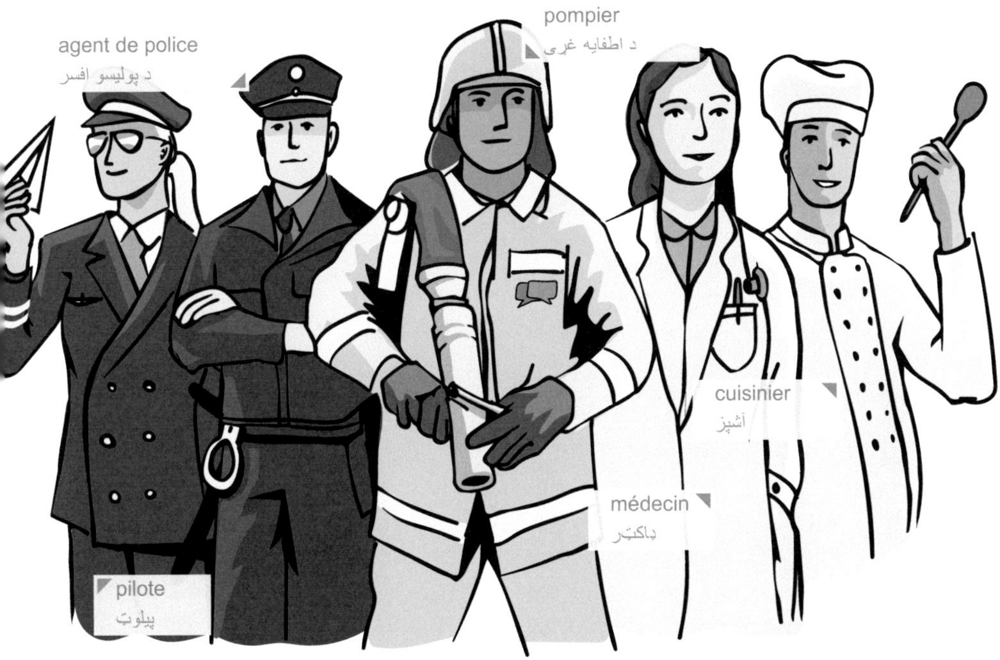

pompier
د اطفایه غړی
agent de police
د پولیسو افسر
cuisinier
آشپز
médecin
ډاکټر
pilote
پیلوټ

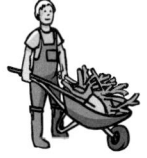

jardinier

باغوان

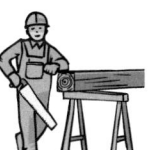

menuisier

نجار

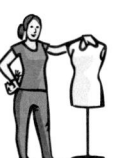

couturière

خیاط

juge

قاضي

chimiste

کیمیا پوه

acteur

د فلم لوبغاړی

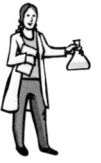

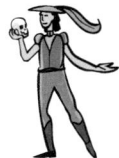

conducteur de bus

د بس ډرايور

chauffeur de taxi

د ټيکسي ډرايور

pêcheur

کب نيونکی

femme de ménage

خدمه

couvreur

بام جوړونکی

serveur

پېشخدمت

chasseur

ښکاري

peintre

نقاش

boulanger

نانوا

électricien

د برېښنا کارکونکی

ouvrier

تعمير جوړونکی

ingénieur

انجنير

boucher

قصاب

plombier

نلدوان

facteur

پوست رسونکی

soldat

سرتیری

architecte

مهندس

caissier

صراف

fleuriste

مالیار

coiffeur

نایی

contrôleur

کلیندر

mécanicien

میکانیک

capitaine

کپتان

dentiste

د غاښونو ډاکټر

scientifique

ساینس پوه

rabbin

یشاغلی

imam

امام

moine

مذهبي نفر

prêtre

پادري

outils

لوازم

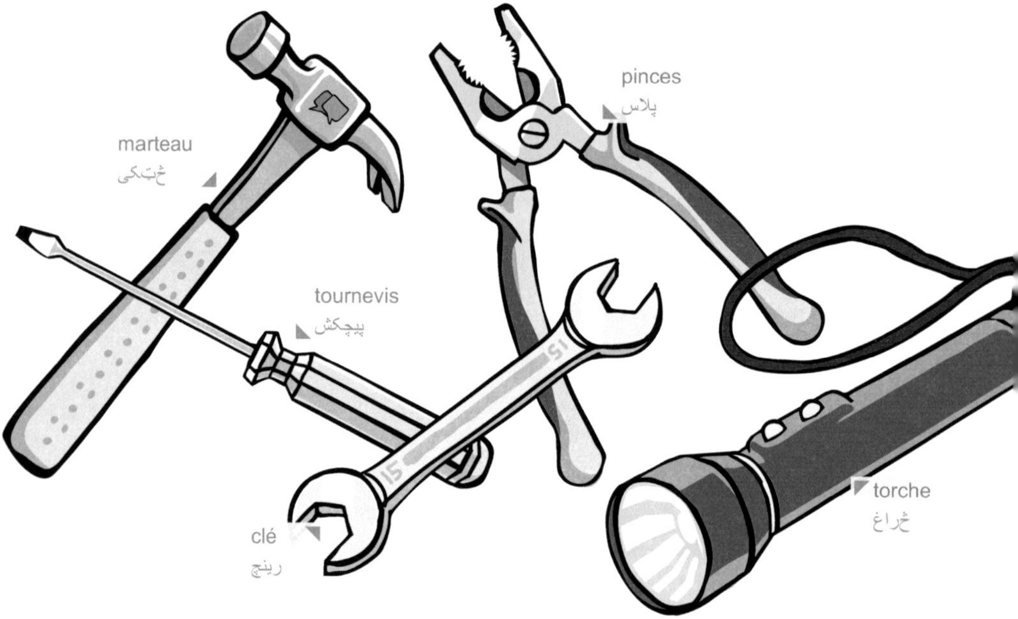
pinces
پلاس
marteau
څټکی
tournevis
پیچکش
torche
څراغ
clé
رینچ

pelleteuse
کنستونکی

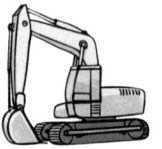

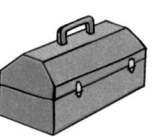

boîte à outils
د لوازمو بکس

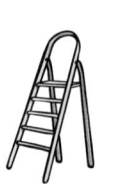

échelle
زینه

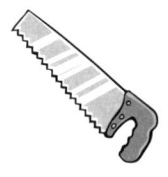

scie
اره

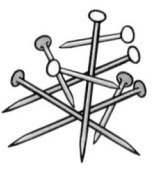

clous
میخونه

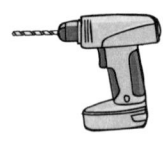

perceuse
برمه

réparer

ترمیم کول

pelle

بیل

Mince !

لعنت!

pelle

خاک انداز

pot de peinture

مشوانی

vis

پیچونه

instruments de musique

د میوزیک آلات

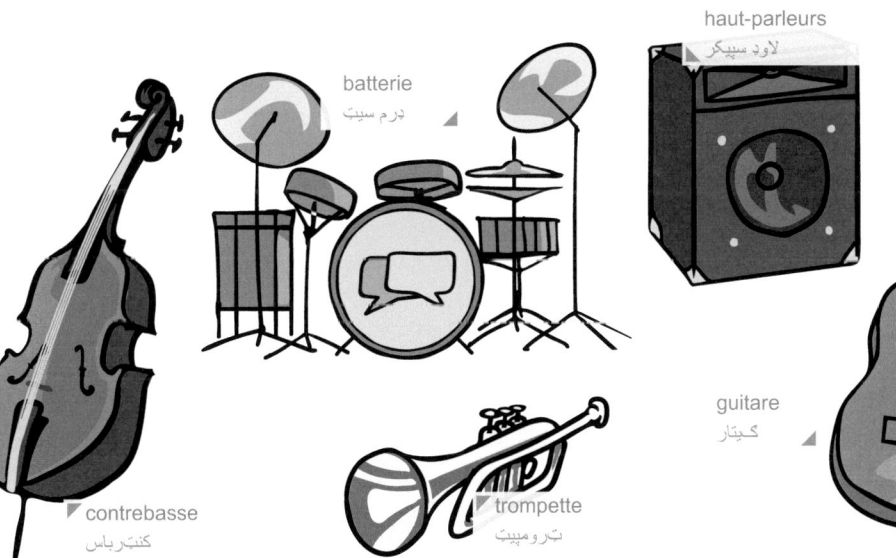

haut-parleurs

لاود سپیکر

batterie

درم سیټ

guitare

ګیتار

contrebasse

کنټرباس

trompette

ترومپیټ

piano

پیانو

violon

واېلن

basse

باس

timbales

نغاره

tambour

درمونه

piano électrique

کي بورد

saxophone

سیکسافون

flûte

ثپیلی

microphone

مایکروفون

ZOO
ژوبڼ

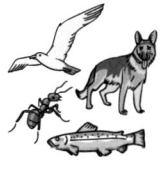

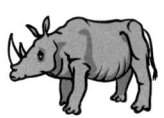

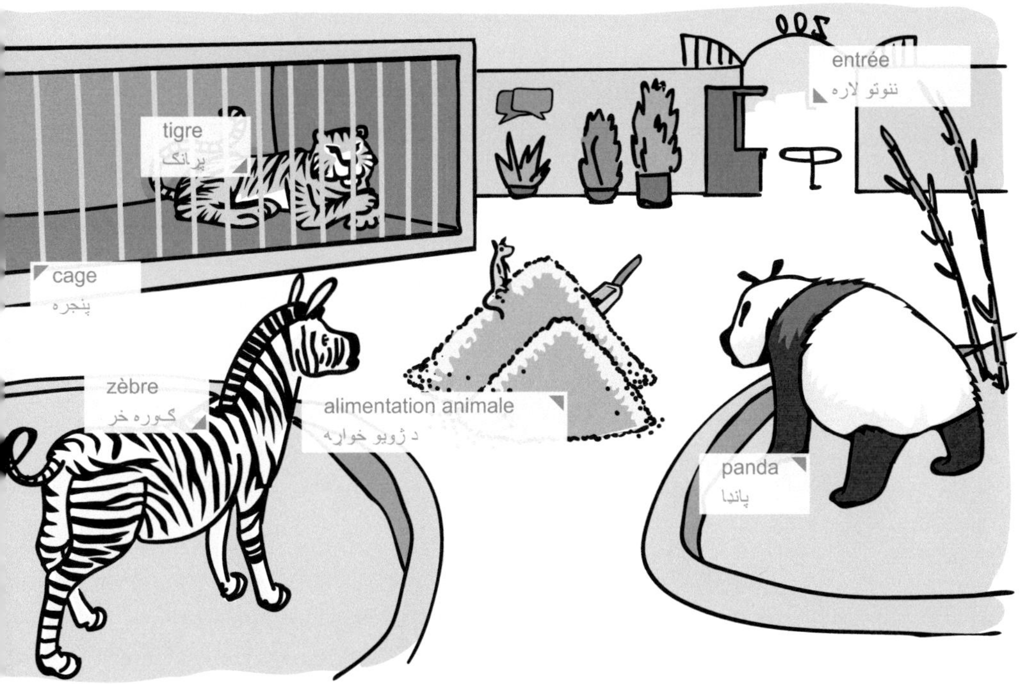

tigre
پړانګ
entrée
ننوتو لاره
cage
پنجره
zèbre
ګوره خر
alimentation animale
د ژويو خواره
panda
پاندا

animaux

ژوی

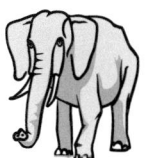

éléphant

هاتي

kangourou

کنګرو

rhinocéros

د اوبو اسپ

gorille

ګوريلا

ours

ايږه

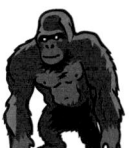

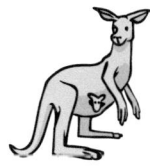

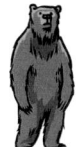

chameau

اوښ

autruche

شترمرغ

lion

زمرى

singe

بيزو

flamand rose

غزى

perroquet

طوطي

ours polaire

قطبي ايږه

pingouin

پينګوين

requin

شارک

paon

طاوس

serpent

مار

crocodile

تمساح

gardien de zoo

ژوبين ساتونکى

phoque

سيل

jaguar

جګوار

poney

يابو

léopard

پرانگ

hippopotame

هيپو

girafe

زرافه

aigle

باز

sanglier

نرخوک

poisson

کب

tortue

شمشتی

morse

سمندري نولی

renard

گيدره

gazelle

هوسی

american Football
امریکایی فټبال

cyclisme
سایکل چلول

tennis
ټینس

basket-ball
باسکیتبال

natation
لامبو

hockey sur glace
د کنګل هاکي

boxe
باکسینګ

football

فټبال

badminton

کسیزه

athlétisme

د خغاستی لوبی

handball

د هندبال

ski

سکی

polo

پولو

sauter
توپ وهل

embrasser
غاړه ورکول

rire
خندل

marcher
کرخ ایدل

chanter
سندري ویل

prier
عبادت کول

faire la bise
مچ کول

rêver
خوب لیدل

écrire
لیکل

dessiner
کښل

montrer
ښودل

pousser
ټیله کول

donner
ورکول

prendre
اخیستل

avoir

درلودل

faire

کول

être

پایېدل

être debout

ودرېدل

courir

منډی وهل

trier

راکښل

jeter

ګوزارل

tomber

لوېدل

être couché

څملاستل

attendre

انتظار کول

porter

وړل

être assis

کښېناستل

s'habiller

پوښاک اغوستل

dormir

وېده کېدل

se réveiller

پاڅېدل

regarder

كتل

pleurer

ژړل

caresser

بريد كول

peigner

كمذخ كول

parler

خبرى كول

comprendre

پوهيدل

demander

غوښتل

écouter

اوريدل

boire

څښل

manger

خورل

ranger

پاكول

aimer

ميه كول

cuire

پخلى كول

conduire

موټر چلول

voler

الوتل

faire de la voile

بیری چلول

calculer

حساب

lire

لوستل

apprendre

زده کول

travailler

کار کول

se marier

واده کول

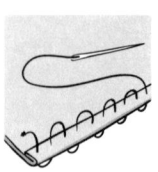

coudre

ګنډل

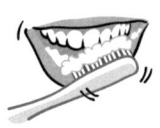

brosser les dents

د غاښونو برس کول

tuer

وژل

fumer

سګرټ څښل

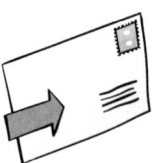

envoyer

لیږل

famille

كورنۍ

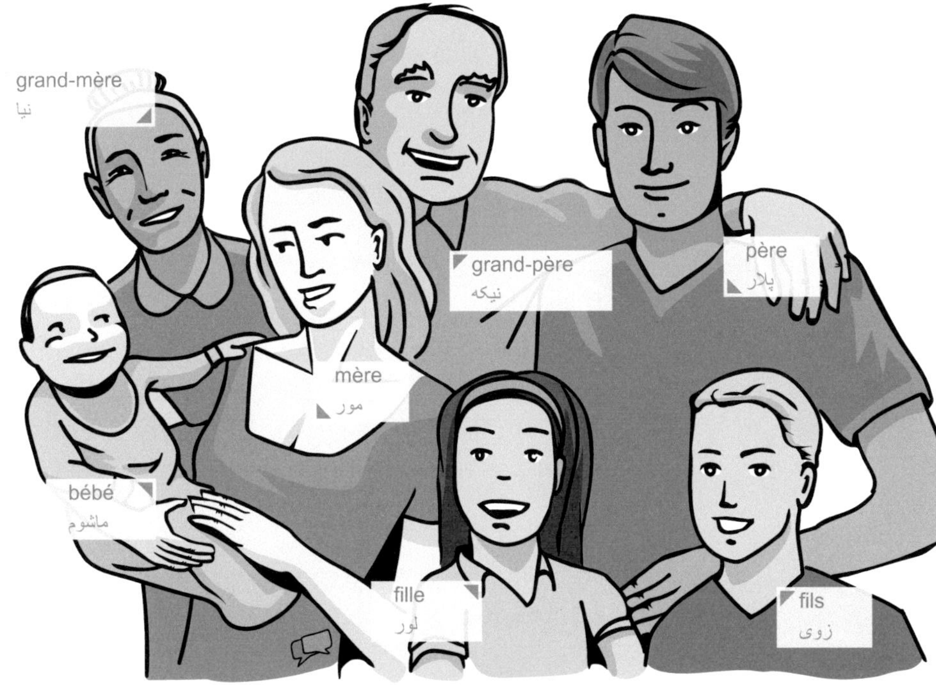
grand-mère
نیا
grand-père
نیکه
père
پلار
mère
مور
bébé
ماشوم
fille
لور
fils
زوی

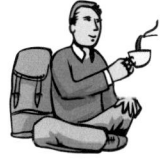

hôte

میلمه

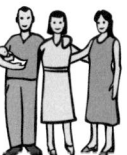

tante

ترور

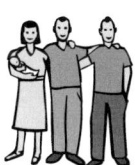

oncle

کاکا/ماما

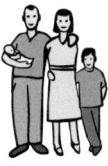

frère

ورور

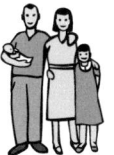

sœur

خور

corps

بدن

front
تندی
œil
سترگې
visage
مخ
menton
زنه
doigt
گوته
main
لاس
poitrine
سينه
bras
مټ
épaule
اوږه
jambe
پښه

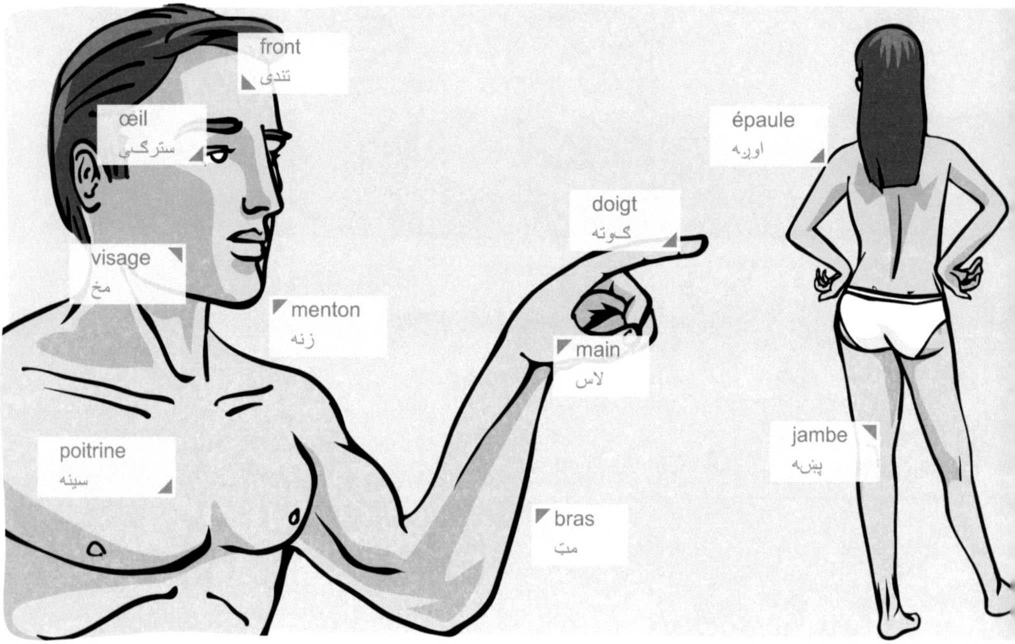

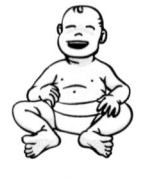

bébé

ماشوم

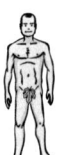

homme

سړی

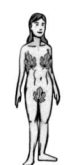

femme

ښځه

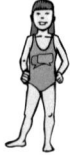

fille

انجلۍ

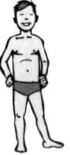

garçon

هلک

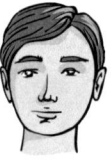

tête

سر

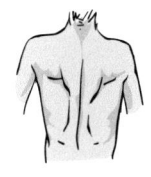

dos

شا

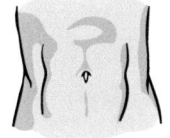

ventre

خیټه

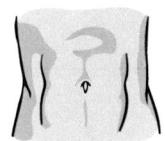

nombril

نوم

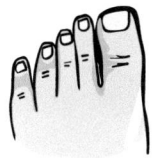

orteil

د پښی ګوته

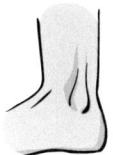

talon

پونده

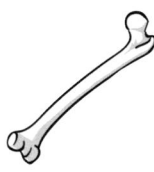

os

هدوکی

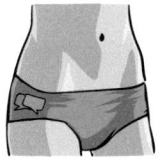

hanche

کوناټی

genou

زنګون

coude

څنګل

nez

پوزه

fesses

لاندی برخه

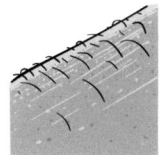

peau

پوټکی

joue

غومبوری

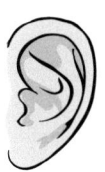

oreille

غوږ

lèvre

شونډه

bouche

خوله

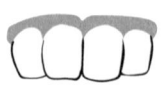

dent

غاښ

langue

ژبه

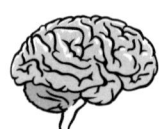

cerveau

مغز

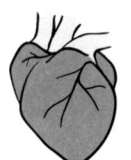

cœur

زړه

muscle

عضله

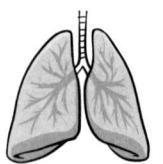

poumons

سږی

foie

ځيګر

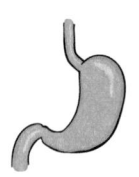

estomac

معده

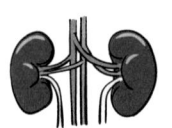

reins

پښتورګي

rapport sexuel

جنسي نژدی والی

préservatif

کاندوم

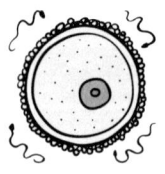

ovule

تخمه

sperme

مني

grossesse

حمل

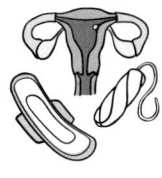

menstruation

حیض

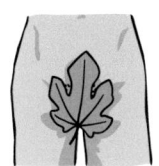

vagin

مهبل

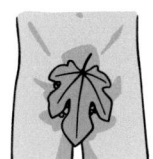

pénis

د نارینه تناسلي اله

sourcil

وروځی

cheveux

ویښته

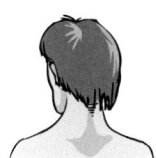

cou

غاړه

hôpital
روغتون

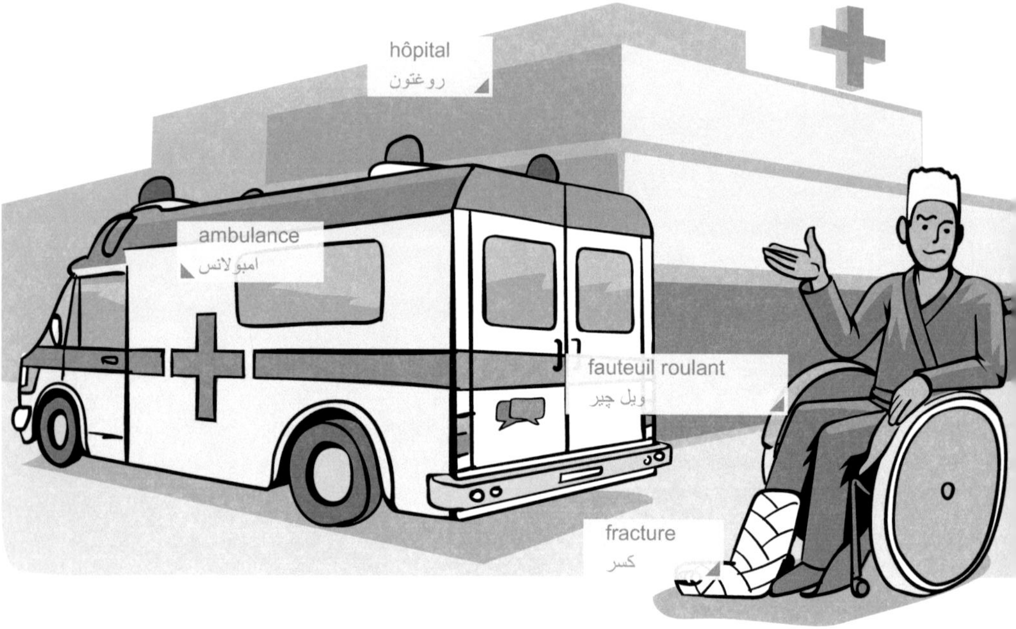

hôpital
روغتون
ambulance
امبولانس
fauteuil roulant
ویل چیر
fracture
کسر

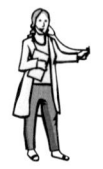

médecin
ډاکټر

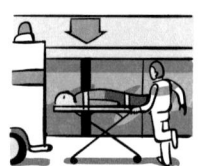

service des urgences
عاجل خونه

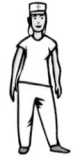

infirmière
رنځورپال

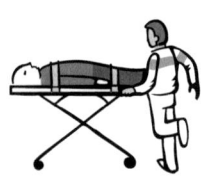

urgence
عاجل

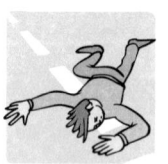

inconscient
بی هوش

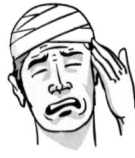

douleur
درد

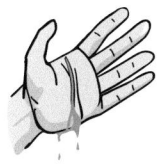

blessure

پټ

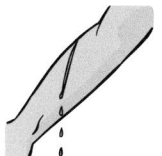

hémorragie

لدیوت ونیو

crise cardiaque

د زړه حمله

attaque cérébrale

ضرب

allergie

حساسیت

toux

ټوخی

fièvre

تبه

grippe

انفلوینزا

diarrhée

نس ناستی

mal de tête

سر درد

cancer

سرطان

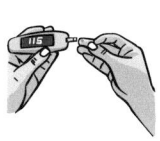

diabète

شکر

chirurgien

جراح

scalpel

سکالپل

opération

عملیات

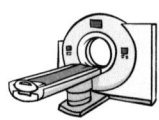

CT

سی‌تی

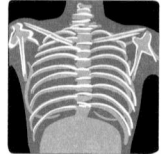

radiographie

ایکس ری

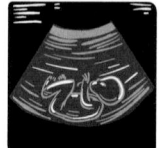

échographie

التراساوند

masque

د مخ ماسک

maladie

یاروغی

salle d'attente

انتظار خونه

béquille

امسا

pansement

پلستر

pansement

بنداژ

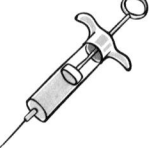

injection

تزریق

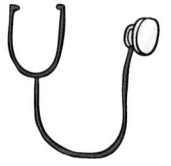

stéthoscope

ستاتسکوپ

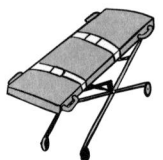

brancard

تسکیره

thermomètre

کلینکی ترماميټر

accouchement

زیرون

surcharge pondérale

زیات وزن

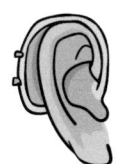

appareil auditif

د اوريدو مرسته

désinfectant

د عفونيت څخه پاکونکي مواد

infection

عفونيت

virus

ويروس

VIH / sida

ايچ.اي.وي/ايدز

médicament

درمل

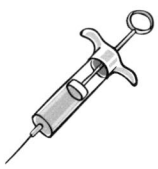

vaccination

واکسين

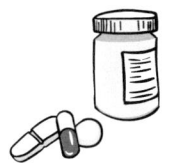

comprimés

ټابليټس

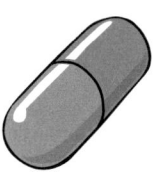

pilule

ګولۍ

appel d'urgence

عاجل تليفون

tensiomètre

د وينی د فشار څارونکی

malade / sain

ناروغ/روغ

Au secours !

مرسته!

alarme

الارم

assaut

يرغل

attaque

بريد

danger

خطر

sortie de secours

عاجل لاره

Au feu!

اور!

extincteur

د اور وژونکی

accident

پيښه

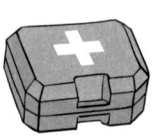

trousse de premier secours

د لومړی مرستی لوازم

SOS

ايسـ.او.ايس

police

پوليس

Europe

اروپا

Amérique du Nord

شمالي امريکا

Amérique du Sud

سهيلي امريکا

Afrique

افريقا

Asie

آسيا

Australie

أستراليا

Océan atlantique

اتلانتيک

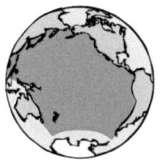

Océan pacifique

پاسيفيک

Océan indien

د هند بحر

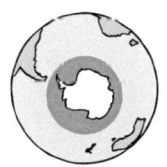

Océan antarctique

جنوبي منجمد بحر

Océan arctique

د شمال قطب بحر

pôle nord

شمالي قطب

pôle sud

سِهيلِي قطب

Antarctique

انتارکتیکا

terre

خَمکه

pays

خَمکه

mer

بحر

île

تَبلو

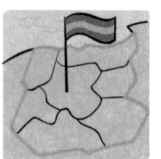

nation

ملت

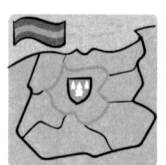

état

دولت

cadran

د مخى ساعت

aiguille des heures

د ساعت ستنه

aiguille des minutes

د دقیقی ستنه

aiguille des secondes

د ثانیی ستنه

Quelle heure est-il ?

څه وخت دی؟

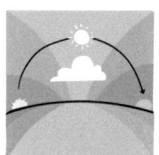

jour

ورخ

temps

وخت

maintenant

اوس

montre digitale

ډیجیټل ساعت

minute

دقیقه

heure

ساعت

lundi
دوشنبه

MO

TU

mercredi
چهارشنبه

W

TH

vendredi
جمعه

FR

samedi
شنبه

SA

SO

mardi
سه شنبه

jeudi
پنجشنبه

dimanche
یکشنبه

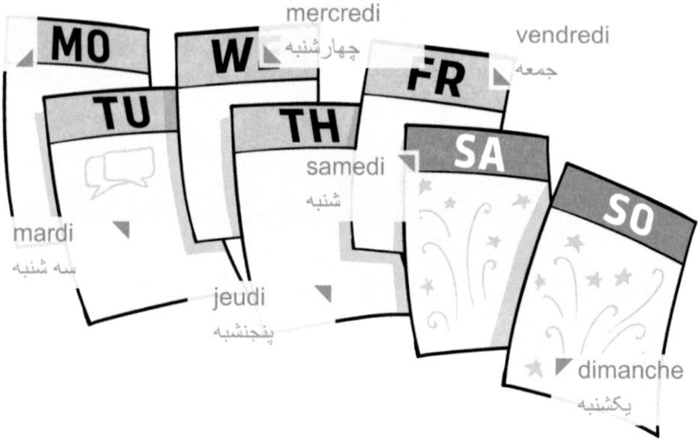

hier

پرون

aujourd'hui

نن

demain

سبا

matin

سهار

midi

غرمه

soir

ماښام

MO	TU	WE	TH	FR	SA	SU
1	2	3	4	5	6	7
8	9	10	11	12	13	14
15	16	17	18	19	20	21
22	23	24	25	26	27	28
29	30	31	1	2	3	4

jours ouvrables

کاري ورځی

MO	TU	WE	TH	FR	SA	SU
1	2	3	4	5	6	7
8	9	10	11	12	13	14
15	16	17	18	19	20	21
22	23	24	25	26	27	28
29	30	31	1	2	3	4

week-end

د اونۍ پای

pluie
باران

arc-en-ciel
رنگین کمان

neige
واوره

vent
باد

printemps
پسرلی

automne
منی

été
اوړی

hiver
ژمی

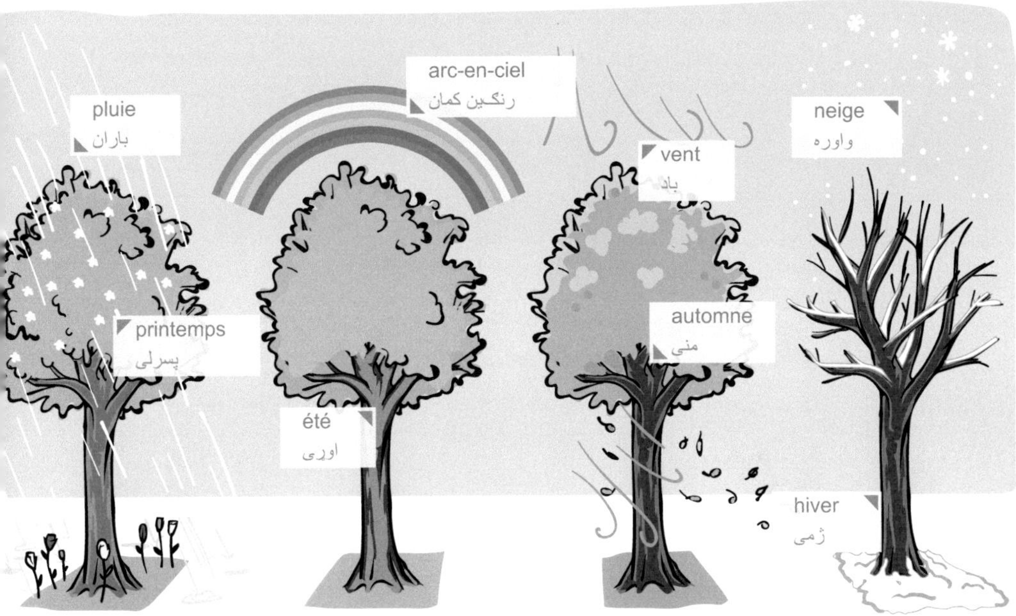

météo

د موسم وړاندوینه

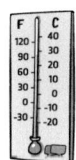

thermomètre

ترمومیټر

lumière du soleil

د لمر وړانگی

nuage

وریځ

brouillard

لړه

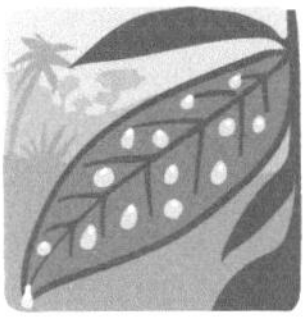

humidité

رطوبت

foudre

رڼا

tonnerre

تندر

tempête

توفان

grêle

ږلۍ وريدل

mousson

مون سون باران

inondation

سيلاب

glace

يخ

janvier

جنوري

février

فبروري

mars

مارچ

avril

اپرېل

mai

مۍ

juin

جون

juillet

جولای

août

اگست

année - کال

septembre

سپتمبر

octobre

اکتوبر

novembre

نومبر

décembre

دسمبر

formes

شکلونه

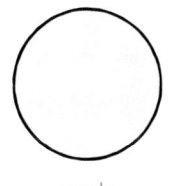

cercle

دايره

carré

مربع

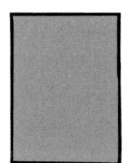

rectangle

مستطيل

triangle

مثلث

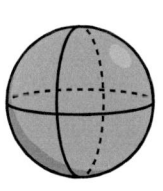

sphère

توپ

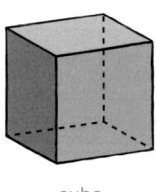

cube

فال

blanc

سپین

jaune

ژیر

orange

نارنجي

rose

گلابی

rouge

سور

violet

ارغواني

bleu

نیلی

vert

شین

marron

نسواري

gris

خر

noir

تور

beaucoup / peu

خورا ډیر/خورا لږ

fâché / calme

قار/ارام

joli / laid

ښکلی/بدشکله

début / fin

پیل/پای

grand / petit

لوی/کوچنی

clair / obscure

روښانه/تیاره

frère / soeur

ورور/خور

propre / sale

پاک/ککر

complet / incomplet

مکمل/نامکمل

jour / nuit

ورځ/شپه

mort / vivant

مړ/ژوندی

large / étroit

پراخه/انری

comestible / incomestible

د خوراک وړ/نه خوړل کیدونکی

méchant / gentil

بد/مهربان

excité / ennuyé

پاریدلی/بی خونده

gros / mince

چاق/وچ

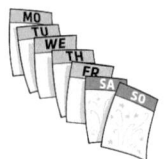

premier / dernier

لومړی/وروستی

ami / ennemi

ملګری/دښمن

plein / vide

ډک/تش

dur / souple

سخت/نرم

lourd / léger

دروند/سپک

faim / soif

لوږه/تنده

malade / sain

ناروغ/روغ

illégal / légal

غیرقانوني/قانوني

intelligent / stupide

هوښیار/ساده

gauche / droite

کین/ښی

proche / loin

نږدې/لرې

nouveau / usé

نویۓ/زور

rien / quelque chose

هيۓ/ايوۓه

vieux / jeune

بۓا/خوان

marche / arrêt

چالان/بند

ouvert / fermé

خلاص/ترلى

faible / fort

غلي/زور غر

riche / pauvre

بۓايه/غريب

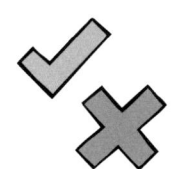

correct / incorrect

صحيۓ/غلط

rugueux / lisse

زبر/ملايم

triste / heureux

خفه/خوش

court / long

لنۓ/اورد

lent / rapide

سست/کرنۓى

mouillé / sec

لونۓ/چ

chaud / froid

کرم/يخ

guerre / paix

جکرۓه/سوله

0
zéro
صفر

1
un / une
يو

2
deux
دوه

3
trois
درى

4
quatre
څلور

5
cinq
پنځه

6
six
شپږ

7
sept
اوه

8
huit
اته

9
neuf
نهه

10
dix
لس

11
onze
يولس

12

douze

دولس

13

treize

ديارلس

14

quatorze

خوارلس

15

quinze

پنځلس

16

seize

شپارس

17

dix-sept

وولس

18

dix-huit

اتلس

19

dix-neuf

نولس

20

vingt

شل

100

cent

سل

1.000

mille

زر

1.000.000

million

ميليون

anglais

انگلسي

anglais américain

امريكايى انگلسي

chinois mandarin

چينايى مندرين

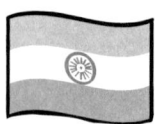

hindi

هندي

espagnol

هسپانوي

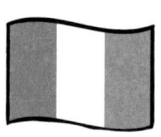

français

فرانسوي

arabe

عربي

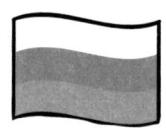

russe

روسي

portugais

پرتگالي

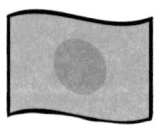

bengali

بنگالي

allemand

آلماني

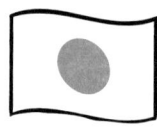

japonais

جاپاني

je

زه

tu

ته

il / elle / ce, c', cela

هغه/دغه/دا

nous

مورږ

vous

تاسی

ils / elles

دوی/هغوی

Qui ?

څوک؟

Quoi ?

څه؟

Comment ?

څنګه؟

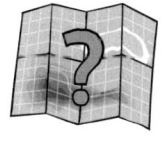

Où ?

چیری؟

Quand ?

کله؟

nom

نوم

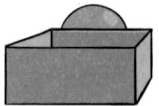

derrière

شاته

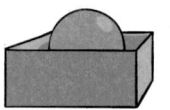

dans

په

devant

په مخه کی

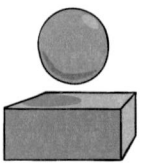

au-dessus

باندی

sur

په

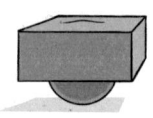

en-dessous

لاندی

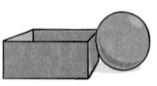

à côté de

برسیره پر

entre

ترمینځ

lieu

ځای